o livro da história do livro

Copyright do texto © 2023 by Ruth Rocha e Otávio Roth
Copyright das ilustrações © 2023 by Raul Loureiro

Grafia atualizada segundo o Acordo Ortográfico da Língua Portuguesa de 1990, que entrou em vigor no Brasil em 2009.

Preparação MARINA MUNHOZ

Curadoria da obra de Ruth Rocha MARIANA ROCHA

Curadoria Acervo Otávio Roth ANA ROTH e ISABEL ROTH

Projeto gráfico e ilustrações RAUL LOUREIRO

Revisão ANA LUIZA COUTO e LUCIANA BARALDI

Imagens de miolo SHUTTERSTOCK e ADOBE STOCK

Com exceção de:
p.49 e p.75: AU, Whitlow et al. "Acoustic properties of humpback whale songs". The Journal of the Acoustical Society of America, v. 120, ago. 2006.

Dados Internacionais de Catalogação na Publicação (CIP)
(Câmara Brasileira do Livro, SP, Brasil)

Rocha, Ruth
 O livro da história do livro / Otávio Roth, Ruth Rocha ; ilustrações de Raul Loureiro. — 1ª ed. — São Paulo : Companhia das Letrinhas, 2023.

 ISBN 978-85-7406-954-8

 1. Livros — História — Literatura juvenil I. Roth, Otávio. II. Loureiro, Raul. III. Título.

22-128379   CDD-028.5

Índices para catálogo sistemático:
1. Literatura infantojuvenil 028.5
2. Literatura juvenil 028.5

Eliete Marques da Silva – Bibliotecária — CRB-8/9380

Todos os direitos desta edição reservados à
EDITORA SCHWARCZ S.A.
Rua Bandeira Paulista, 702, cj. 32
04532-002 — São Paulo — SP — Brasil
☎ (11) 3707-3500
🔗 www.companhiadasletrinhas.com.br
🔗 www.blogdaletrinhas.com.br
📘 /companhiadasletrinhas
📷 @companhiadasletrinhas
▶ /CanalLetrinhaZ

ruth rocha | otávio roth

o livro da história do livro

ilustrações de raul loureiro

Companhia das Letrinhas

apresentação, 9

a história das tintas, 11

a história do lápis, 23

a história do papel, 39

a história do livro, 59

posfácio, 76
sobre os autores, 78
sobre o ilustrador, 79

sumário

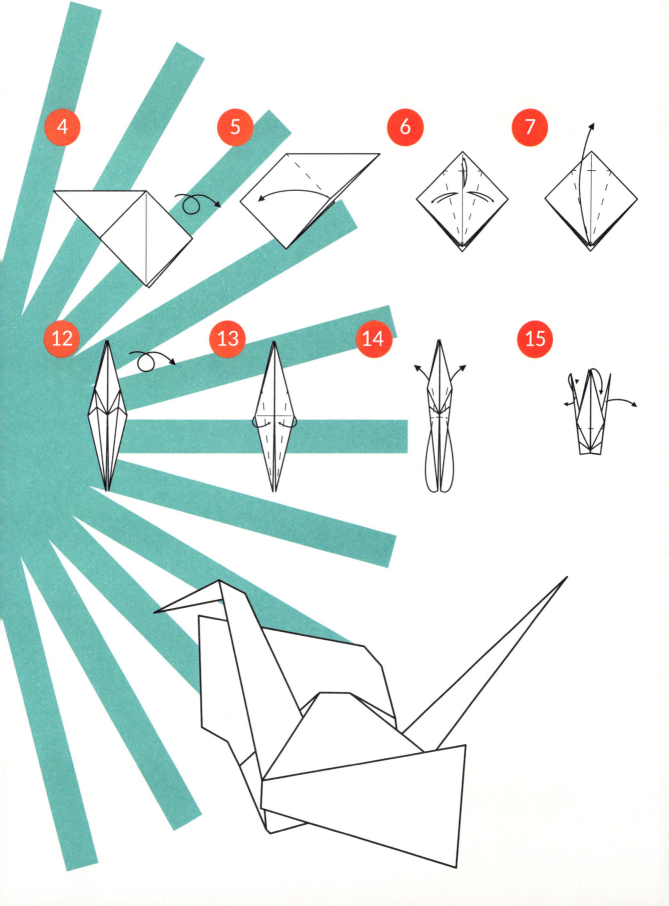

apresentação

RUTH ROCHA

Otávio Roth e eu compusemos *O livro da história do livro* e *O livro da história da comunicação* em torno das pesquisas que ele desenvolveu ao longo de muito tempo.

Otávio sempre foi interessado por tudo que é coisa e foi um grande especialista em papéis. Realizou inúmeros projetos e estudos, não só sobre papéis, mas sobre tudo o que se refere ao livro e à comunicação. Criou oficinas nas quais ensinou muitas pessoas a confeccionarem papéis e tinha até uma prensa igual à de Gutenberg! Além disso, foi um artista maravilhoso.

Nossas conversas sobre estes assuntos eram muito divertidas e interessantes, e como ele queria fazer livros para jovens, acabamos nos tornando parceiros neste projeto.

Minha amizade com o Otávio foi muito rica e alegre.

Fizemos vários trabalhos juntos, viajamos e até nos transformamos em família, pois ele acabou se casando com a minha sobrinha Ana, com quem teve a Isabel.

Este trabalho sobre a comunicação e os livros foi muito gratificante e fico muito feliz com a atual concepção gráfica e as ilustrações de Raul Loureiro que enriqueceram demais esta obra e deram a ela uma imagem muito sofisticada e inovadora.

Deixo aqui minha homenagem a Otávio Roth, grande amigo, grande artista e grande cidadão.

Espero que aproveitem estes livros e se divirtam tanto quanto eu e o Otávio, enquanto os criamos.

a história das tintas

As tintas já eram conhecidas pela humanidade antes que ela aprendesse a escrever.

Desde os tempos mais remotos, os seres humanos pintavam na pedra, pintavam suas roupas, suas casas e até seu próprio corpo.

Os materiais que eles usavam eram os mais simples e acessíveis que se possam imaginar. Desde a terra, que existe em toda parte e em muitas cores, até o sangue de animais, o carvão e plantas de todo tipo.

Quando o ser humano começou a escrever, não usava tintas, apesar de já conhecê-las.

No Egito, na Mesopotâmia e em outros lugares mais, escrevia-se com estiletes sobre pedra, sobre barro, sobre madeira ou sobre metal, sem a utilização das tintas.

Atribui-se a um sábio chinês de nome Tien Tchu a invenção da primeira fórmula de tinta, no ano 2500 a.C.

Essa tinta, conhecida até hoje como nanquim, era feita a partir da fuligem obtida com a queima de caroços de pêssego misturada a colas vegetais.

Usou-se essa tinta primeiro para pintar e posteriormente para escrever.

A natureza fornece praticamente todos os elementos necessários para fazer as tintas. Desde os extratos de frutas, flores ou folhas, as secreções de alguns animais ou a própria terra, metais e pedras coloridas.

Os egípcios usavam, para escrever, basicamente duas cores: o vermelho e o preto.

A tinta vermelha era obtida de terra finamente peneirada e a preta, a partir de fuligem de carvão.

Eram ambas misturadas com água e goma-arábica, que é uma resina produzida por algumas espécies de árvores.

A cor vermelha era reservada apenas para os títulos dos capítulos.

Os gregos e os romanos usavam, além da tinta feita de fuligem, uma tinta extraída de um molusco: a sépia.

Essa tinta tinha um tom marrom, que até hoje se chama sépia. Outro tipo de molusco foi muito importante para a fabricação de tintas: a púrpura, que fornecia a tinta do mesmo nome, tão valorizada entre os gregos e os romanos que era utilizada, numa certa época, exclusivamente para tingir os mantos reais.

Na Idade Média, os livros eram ilustrados com desenhos e cores muito requintados.

Para isso, usavam-se tintas obtidas de materiais mais preciosos: ouro, prata, bronze, pedras semipreciosas, como turmalinas e lápis-lazúli, e até pedras preciosas, como rubis e esmeraldas.

Outros ingredientes muito curiosos foram usados na confecção de tintas.

Insetos moídos, como a cochonilha, leite coalhado, urina, sangue, os mais variados metais, vinho, cerveja, vinagre, vidro moído e até — acredite se quiser — múmias trituradas, que forneciam uma tinta com um tom muito especial de marrom: o marrom egípcio. Quando na Europa foi descoberta a origem dessa tinta, ninguém mais quis usá-la.

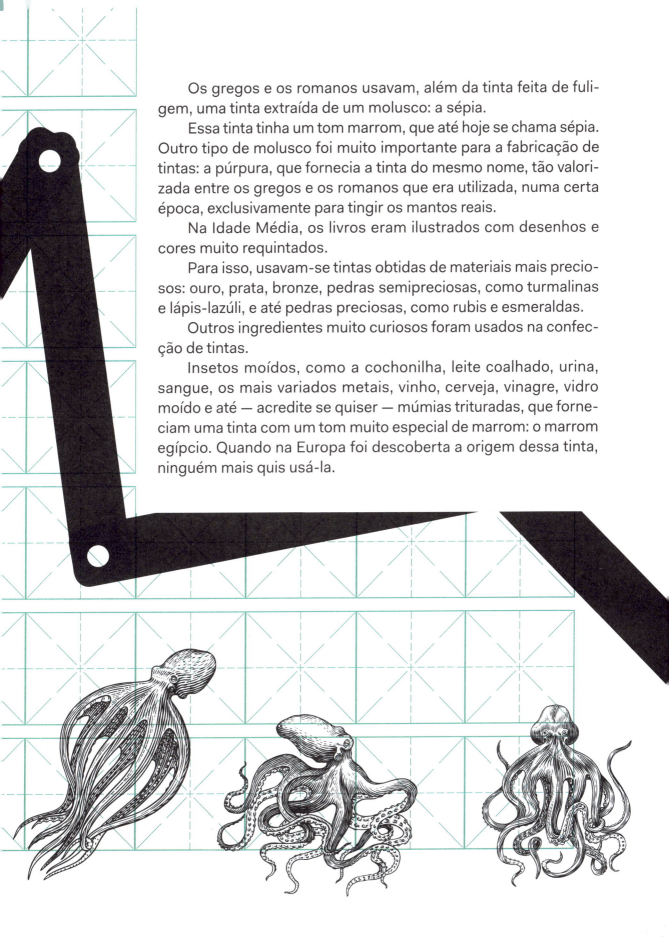

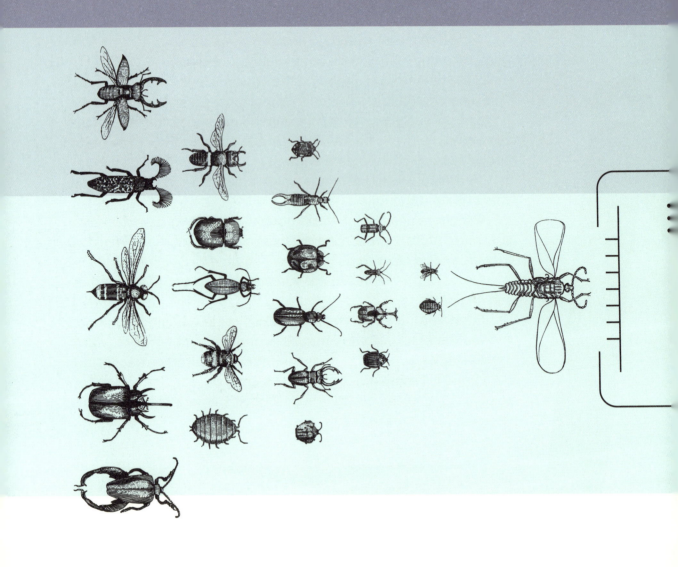

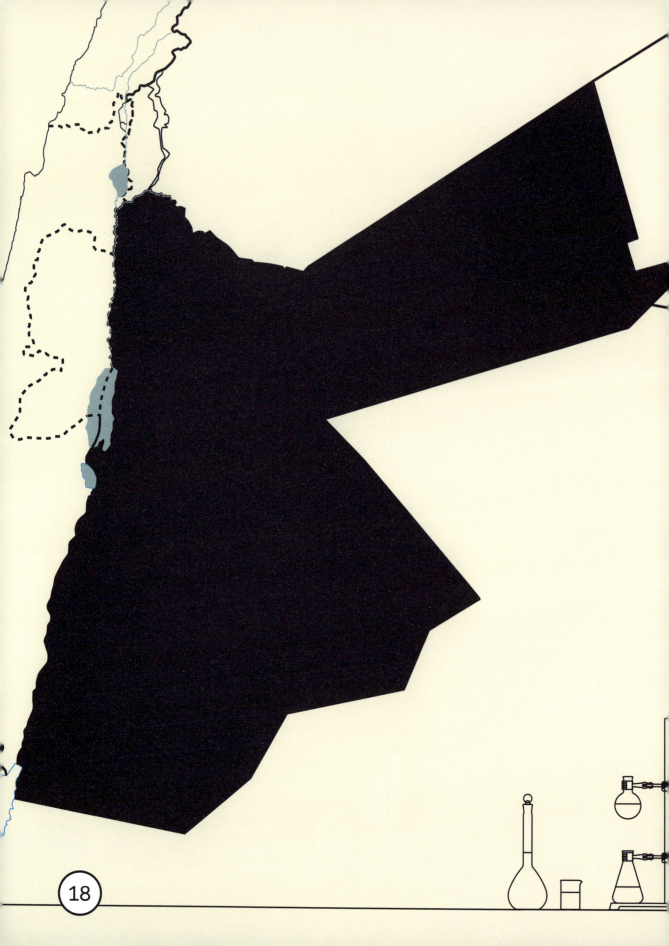

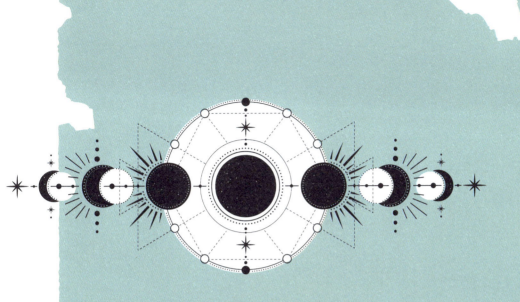

O ser humano tem procurado através dos tempos fabricar tintas que tenham grande durabilidade, para que seus documentos não desapareçam.

Há algumas décadas foram descobertos numa caverna os Manuscritos do Mar Morto, que eram pergaminhos nos quais estavam escritos, em aramaico, os livros da Bíblia.

Esses documentos, importantíssimos para as religiões e para o estudo da história, só foram decifrados graças à qualidade da tinta usada há mais de 2 mil anos, que se manteve legível.

Mas existem situações em que o que mais interessa é justamente o contrário, isto é, o importante é que as tintas não estejam visíveis.

A espionagem, a diplomacia e até certas situações de namoro estimularam a criação das "tintas simpáticas", tintas que não apareciam, a não ser que fossem submetidas a um processo secreto de revelação.

A ação da umidade e da luz tende a modificar as cores das tintas.

Muitas pinturas desapareceram e estão desaparecendo, em virtude dessas causas e até pela poluição provocada pelo ser humano.

Algumas tintas resistem mais do que outras, principalmente quando o ambiente em que se acham está mais protegido.

Por isso, algumas das pinturas das cavernas, dos túmulos egípcios e das ruínas de Pompeia chegaram até nosso tempo.

A tecnologia tem permitido não só a fabricação de materiais cada vez mais duráveis, como também de tintas de cores cada vez mais surpreendentes.

Hoje são fabricadas inúmeras cores que não existem na natureza.

O exemplo mais marcante disso é a cor branca total, que só pôde ser obtida depois da descoberta do poder alvejante do cloro.

Mas, afinal, o que é a tinta?

A tinta não passa de um corante dissolvido num líquido e fixado por uma cola.

O mundo de hoje não é mais o mundo que os seres humanos primitivos viram. É um mundo mais colorido e mais alegre, graças ao engenho e à persistência da humanidade, que, através dos séculos, misturou esses elementos de infinitas maneiras.

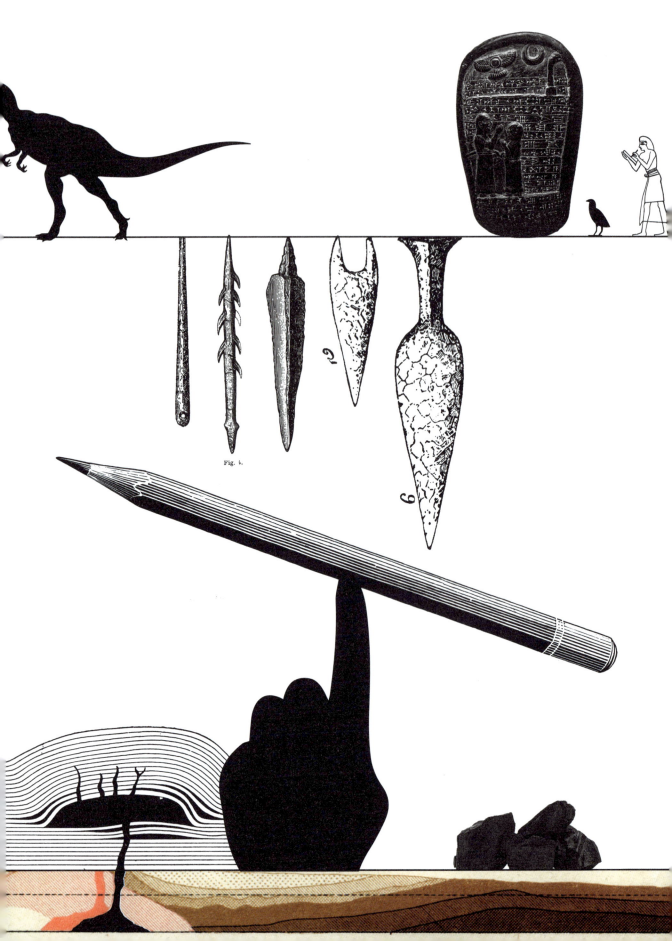

Fig. 4.

a história do lápis

O primeiro ser humano que tentou desenhar ou escrever não fez como nós, que usamos para isso o lápis e o papel, porque naquele tempo não existia nem lápis, nem papel.

Ele deve ter usado os próprios dedos para fazer marcas e riscos na areia, na terra ou no barro.

Mais tarde, deve ter percebido que podia fazer a mesma coisa com pedacinhos de pau, fragmentos de ossos ou lascas de pedra.

Com o conhecimento do fogo, o ser humano descobriu o carvão e os ossos carbonizados, que foram os primeiros lápis da história.

Muitos anos se passaram.

O ser humano aprendeu a usar o fogo para se aquecer e para afastar as feras. Aprendeu a cozinhar o seu jantar e a cozer sua cerâmica. E aprendeu a proteger o fogo com pedras para que o vento não o apagasse.

A gente pode até imaginar que, um dia, uma dessas pedras tenha começado a se derreter, soltando um fiozinho de um material muito brilhante. Quando esse fio esfriou, percebeu-se que esse material era muito duro e se prestava para muito fins. Entre as coisas que se fez, utilizando o metal, estão os primeiros estiletes.

Começava aí a Idade dos Metais.

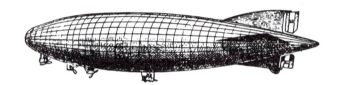

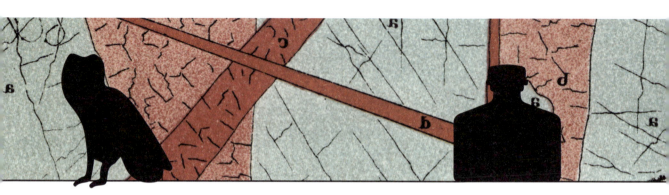

Com a invenção do estilete de metal, o ser humano pôde riscar outros materiais.

A forma dos estiletes era variada. Os egípcios, por exemplo, usavam um estilete resistente e pontudo para desenhar na pedra seus hieróglifos.

Os sumérios faziam um estilete de ponta triangular, apropriado para marcar no barro mole sua escrita cuneiforme.

Os indianos produziam um estilete delicado como uma agulha, com o qual riscavam folhas de árvores.

Mas esses estiletes não serviam para escrever sobre superfícies flexíveis e macias como o pano, as cascas de árvores ou o papiro.

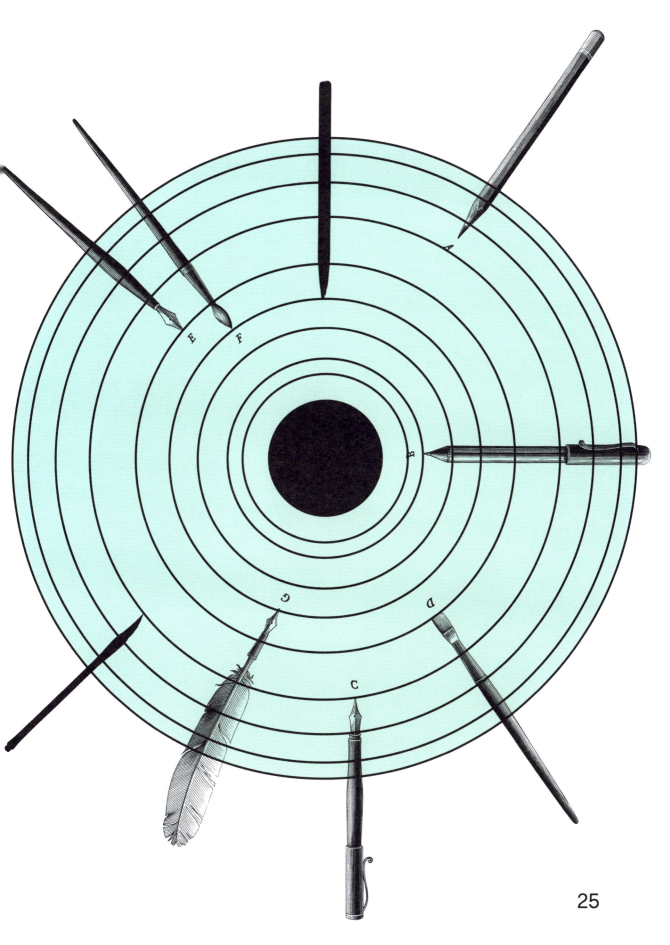

25

Então foram inventados o pincel e a tinta.

O primeiro pincel, criado pelos egípcios, era na verdade um galhinho de junco mastigado, duro e desajeitado. Mas funcionava bem sobre o papiro, que é bem liso.

O uso do pincel facilitou a escrita, tornando-a mais rápida. Por isso, pouco a pouco, a escrita hieroglífica foi se simplificando, dando origem à escrita hierática, e, mais tarde, à demótica.

Mais ou menos ao mesmo tempo surgiu na Grécia o *paragraphos*, que era um pequeno instrumento feito de chumbo, e que foi o antepassado do nosso lápis.

Duzentos e cinquenta anos antes de Cristo, um sábio chinês chamado Meng Tian, decerto achando o pincel de junco muito desajeitado, teve a ideia de amarrar pelos de animal num pedaço de bambu, inspirado talvez num gato que passava com o rabo sujo... Estava inventado o verdadeiro pincel!

Esta invenção transformou a escrita de riscos duros em pintura de delicadas pinceladas. Assim, a escrita ficou muito mais bonita.

Com a ajuda de uma espécie de tinta nanquim, que eles inventaram, os chineses puderam escrever na seda, conseguindo um lindo efeito!

Como se vê, o progresso dos instrumentos de escrita tem tudo a ver com o progresso dos materiais sobre os quais se escreve.

Quando surgiu o pergaminho, que é uma pele de carneiro ou bezerro curtida de uma certa maneira, logo foi inventada a primeira caneta.

Foram os gregos que criaram essa primeira caneta com junco, o mesmo material com o qual se faziam os pincéis antigos. Eles apontavam a extremidade do junco e partiam sua ponta ao meio, para que a tinta ficasse retida pelo junco e fosse saindo aos poucos.

Logo mais apareceram as canetas de bambu, feitas da mesma maneira.

As canetas de pena de aves vieram em seguida. Permitiam que se escrevesse com mais facilidade sobre o pergaminho, com formas mais arredondadas e mais delicadas.

Foi a partir do uso das penas de aves que começaram a aparecer as letras minúsculas e a forma de escrever que usamos hoje, a escrita cursiva ou escrita "de mão".

Na Europa, durante a Idade Média, as penas de asas de aves foram muito usadas. Penas de ganso, de peru, de pavão, e até de corvo.

Cada tipo de pena era mais adequado para determinado tipo de trabalho. As penas de cisne se prestavam mais para a escrita; as penas de corvo eram melhores para se fazer linhas.

Para escrever com essas penas, tão delicadas, era necessário muito cuidado, pois elas se quebravam com facilidade, desgastavam-se rapidamente e tinham que ser apontadas muitas vezes.

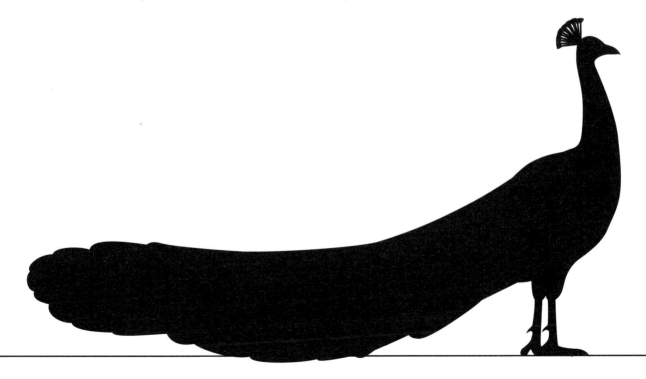

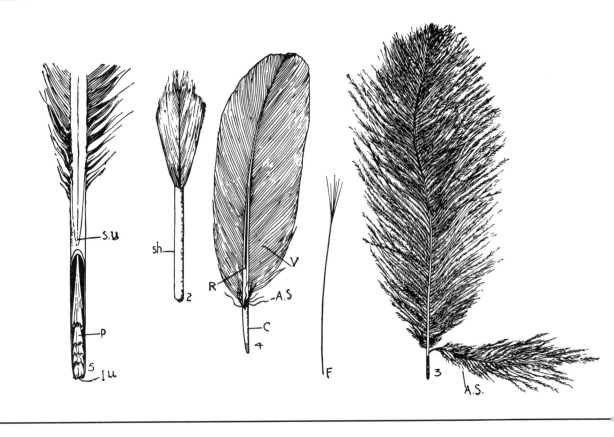
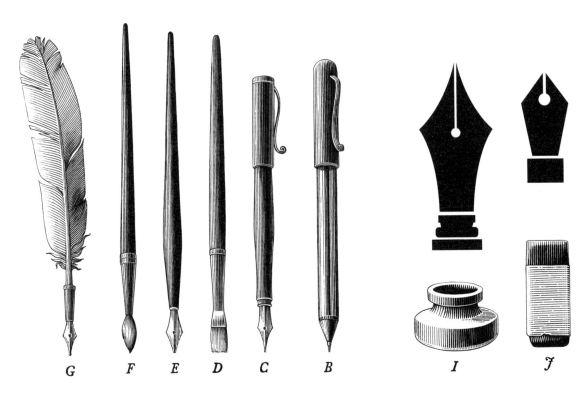

Nos séculos XIV e XV os artistas usavam, como lápis, um bastão de chumbo, estanho e bismuto.

O lápis de grafite só apareceu no século XVI, quando foi descoberta a primeira jazida de grafite, que é o material com o qual fazemos hoje as pontas dos nossos lápis.

No século seguinte surgiram os primeiros fabricantes de lápis.

Os primeiros lápis eram feitos com duas tabuinhas, no meio das quais havia uma "fatia" de grafite, como se fosse um sanduíche. Aos poucos, esse conjunto foi ficando roliço, para facilitar o seu uso.

Enquanto isso, os problemas que as penas de aves criavam estimularam a invenção de penas mais resistentes e duráveis.

Primeiro, tentaram endurecer a ponta das penas, colando pedaços de ossos ou de cascos de tartaruga. Mas, apesar das penas ficarem mais bonitas, não funcionavam nada bem.

Depois, tentaram produzir penas de aço e prata maciços. Mas elas ficaram muito pesadas e as pontas, pouco flexíveis.

O problema foi solucionado há duzentos anos, quando apareceram as primeiras penas feitas de chapa metálica.

Essas penas eram finas, leves e flexíveis, e eram colocadas na ponta de uma haste de madeira, nascendo assim a caneta moderna.

A invenção das penas metálicas foi um sucesso!

No mundo todo surgiram fábricas de penas dos mais variados formatos, tamanhos e preços.

Havia penas para letras grandes e pequenas, grossas e finas. Para escrever depressa ou devagar, para mulheres, para canhotos e até para línguas específicas, como o árabe.

O cabo das canetas também foi se complicando e embelezando. Havia cabos de madeiras nobres, de marfim e de ouro. Havia até mesmo cabos de vidro!

Mas as tintas que existiam naquela época estragavam as penas, que precisavam ser limpas e lavadas constantemente.

Quando conseguiram desenvolver uma tinta que não estragasse as penas, pôde ser inventada a caneta-tinteiro, que trazia um pequeno reservatório de tinta embutido no cabo da caneta.

Antes da invenção da caneta-tinteiro, nas escolas, cada carteira tinha um pequeno tinteiro, onde era colocada a tinta que os alunos usavam.

A coisa mais comum, naquele tempo, era que a tinta derramasse sobre os trabalhos, que as crianças sujassem os dedos e a roupa com tinta e até que os mais levados enfiassem as tranças das meninas nos pequenos tinteiros...

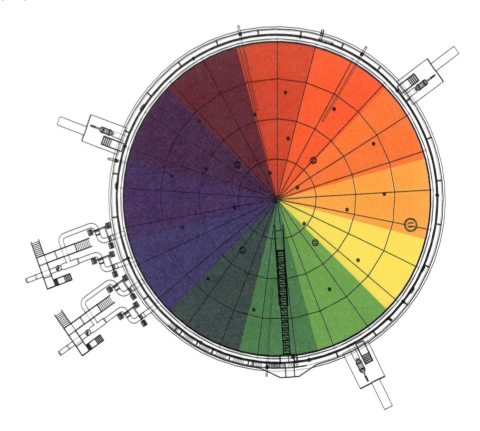

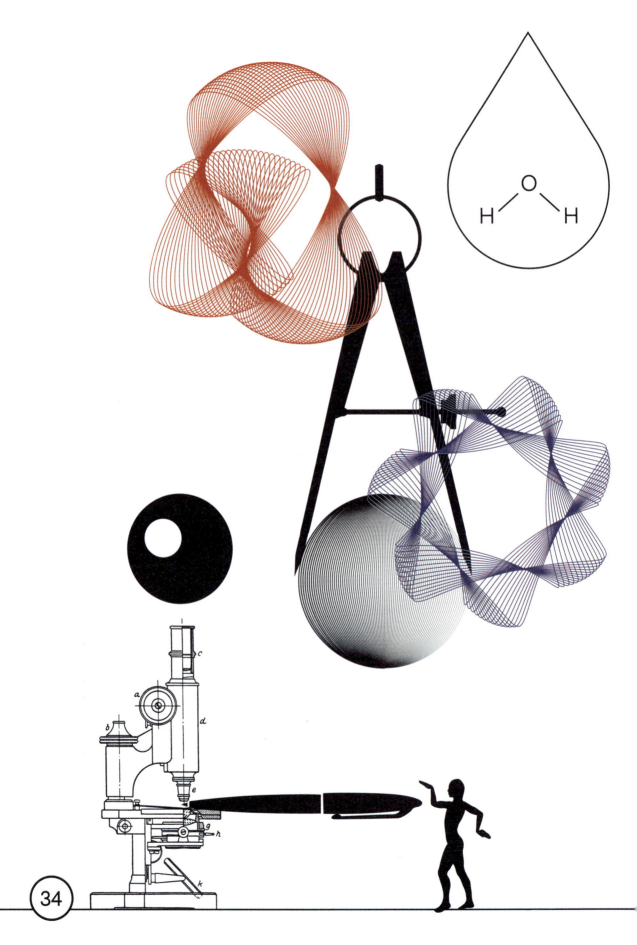

Depois da caneta-tinteiro foi inventada a caneta esferográfica, que se chama assim porque, em vez de pena, tem na sua ponta uma pequena esfera de aço.

Graças a essa esfera e à sua tinta oleosa, essa caneta desliza suavemente sobre o papel. É uma peça de fabricação barata e hoje existem centenas de modelos no mundo todo.

Existem ainda as canetas hidrográficas.

Como diz seu nome, essa caneta usa uma tinta à base de água.

No seu interior há uma haste de feltro, embebida em tinta. A ponta dessa haste, endurecida, serve como pena.

De descoberta em descoberta, de invenção em invenção, o ser humano vem aperfeiçoando e enriquecendo seus instrumentos de desenho e de escrita.

E esses instrumentos vêm servindo ao progresso da humanidade, permitindo algumas das atividades mais importantes que desenvolvemos, como a ciência e a arte.

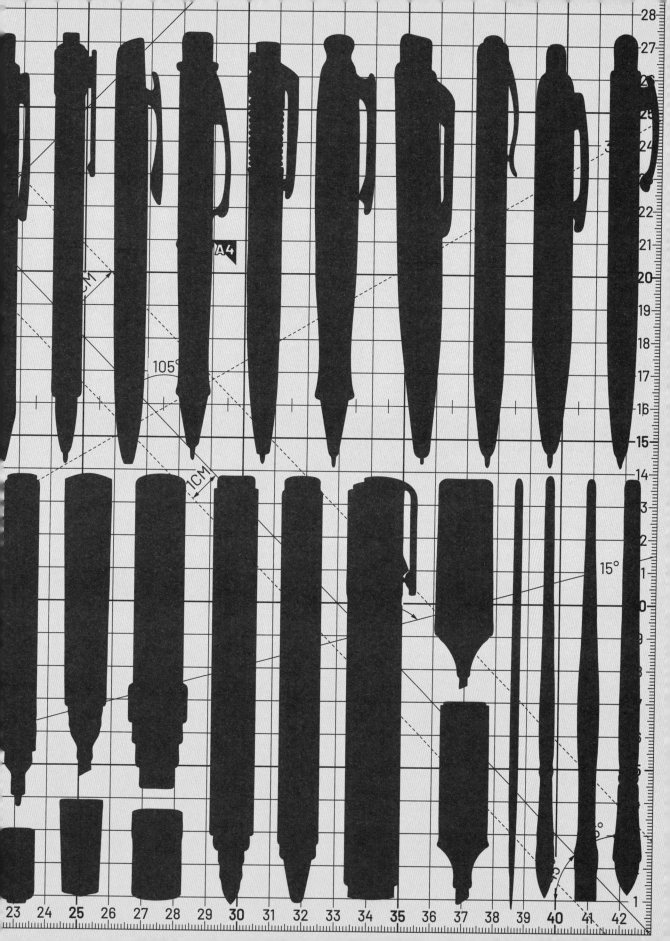

a história do papel

O papel é um material tão importante na vida moderna que a gente até esquece que ele não existiu sempre.

De fato, a escrita foi inventada antes do papel.

E o ser humano, desde então, tem procurado no ambiente em que vive, e de acordo com seu modo de vida, o material ideal para escrever.

Para os egípcios, era importante que seus monumentos durassem para sempre. Por isso escolheram a pedra para escrever.

Os seus vizinhos, os sumérios, escolheram o barro, que podia ser moldado em pequenas lajotas, fáceis de transportar. A grande vantagem do barro sobre a pedra é que no barro os erros podem ser corrigidos.

Você já pensou que problema devia ser para os egípcios errar uma letra num daqueles imensos obeliscos?

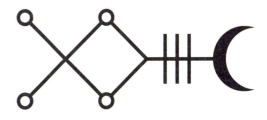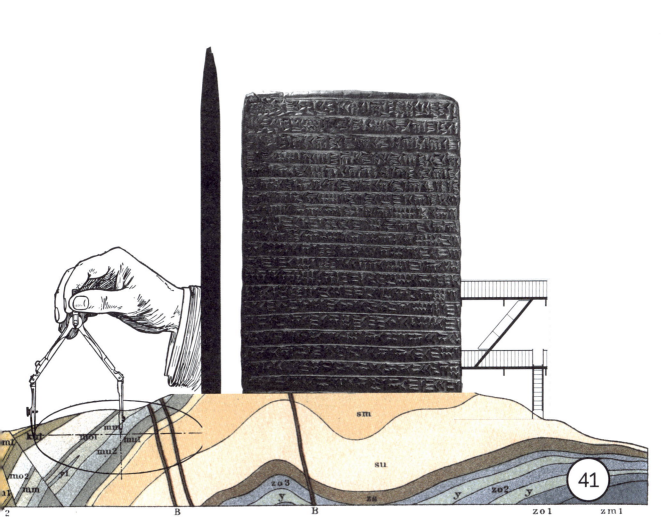

À beira do mar os seres humanos usavam ossos de baleia, conchas e cascos de tartaruga para escrever.

Nas regiões geladas, usavam dentes de foca. Nos desertos, peles de cabra ou de camelo.

Na Ásia usavam folhas de árvores, até de palmeiras, e é por esse motivo que as nossas folhas de papel se chamam assim.

Outros materiais mais frágeis também foram utilizados, mas não duraram o suficiente para serem conhecidos por nós.

No Egito havia uma planta, o papiro, usada para fabricar os mais variados artigos: sandálias, cordas e até embarcações. Então inventaram uma maneira de utilizar o papiro cortando seu caule em fatias e emendando essas fatias sob pressão, formando uma folha. Essa folha, depois de seca, era polida com pedras bem lisas e se tornava ótima para a escrita. Chamava-se papiro, como a planta.

Foi o primeiro material inventado especialmente para servir como suporte da escrita.

O papiro foi usado durante milhares de anos em todos os países do Mediterrâneo.

O papiro deu certo no Egito porque o clima daquela região é muito quente e seco.

περγαμηνή / pergamenum
pergaminho

Em outros lugares o ser humano continuava a procurar materiais mais duráveis e vantajosos.

Assim surgiu o pergaminho.

Era feito de pele de bezerro, carneiro ou cabra, que era submetida a um processo de raspagem e polimento.

Era liso e macio e se prestava a trabalhos delicados, além de ser bastante durável.

A madeira foi utilizada de várias maneiras para a escrita, principalmente entre os gregos e os romanos.

Eles usavam, por exemplo, pequenas tábuas cobertas de cera ou gesso, nas quais escreviam. Quando não precisavam mais do texto, raspavam a cera, recobriam a tábua e a reutilizavam.

Eram essas tábuas que se utilizavam nas escolas, em lugar dos nossos cadernos.

48

Metais como o chumbo, o cobre, o ferro, o ouro e a prata foram usados, na forma de placas ou folhas. Até hoje as placas comemorativas lembram esse uso.

Os soldados romanos gravavam seus últimos desejos nas espadas e armaduras, caso viessem a morrer em combate.

Antes que Colombo chegasse à América, há mais de quinhentos anos, os astecas e os maias faziam um tipo de pano, o qual chamavam de *amatl*.

Era feito de cascas de árvores cozidas e amassadas com pedras, sendo utilizado para fazer roupas, redes, cordas, cestas e até dinheiro.

Os astecas também faziam seus livros com esse material. Eram lindos livros ilustrados, onde eles guardavam seus conhecimentos de astronomia, astrologia, medicina e matemática, além de sua rica literatura.

Infelizmente esses livros, que eram muitos, foram destruídos, e hoje só resta uma dezena deles.

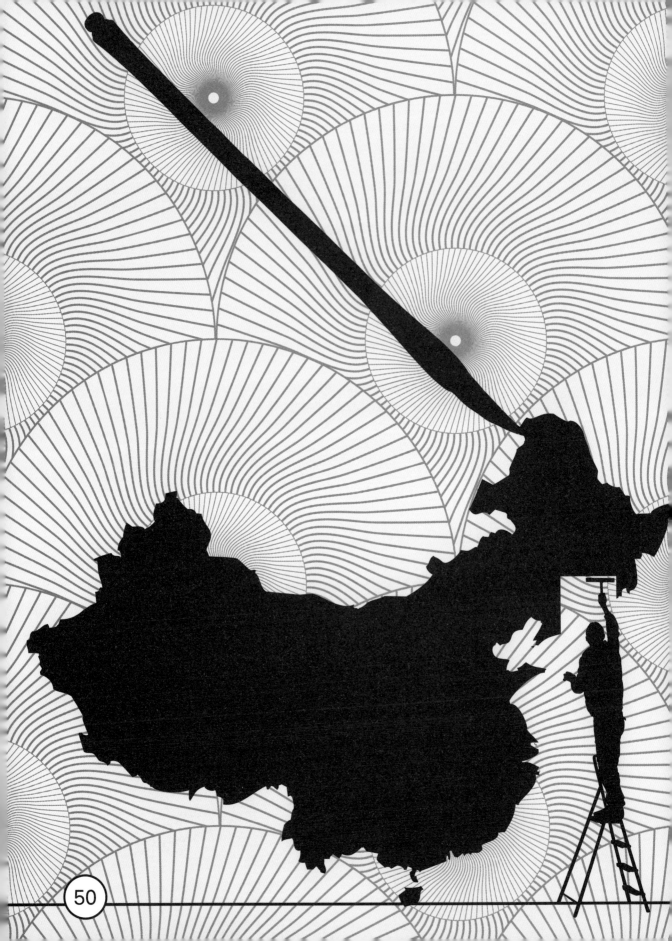

Na China escrevia-se inicialmente sobre lâminas de bambu.

Essa tradição foi abandonada quando se inventou o pincel de pelos, como você viu na história do lápis. Daí por diante foi possível escrever sobre superfícies macias e flexíveis, como a seda. A invenção da tinta líquida completou essa possibilidade.

A escrita com pincel e tinta sobre a seda tornou o ato de escrever mais fácil, mais rápido e, por isso mesmo, muito mais constante.

Mas a seda é cara, e por isso foi preciso inventar outro material que pudesse substituí-la.

A tradição dos chineses na arte da tecelagem, da fabricação de cordas e de feltro mostrou que a fibra vegetal era a matéria-prima que levaria à produção desse material.

As primeiras folhas de papel foram feitas com restos de cordas e cascas de árvores, em especial amoreiras.

O resultado obtido, o papel, era semelhante à seda e tinha sobre ela a vantagem de ser consideravelmente mais barato.

Isso aconteceu no primeiro século da era cristã.

Mas o que é exatamente uma folha de papel?

Nada mais que um emaranhado de bilhões de fibras vegetais chamadas celulose.

Para se obter uma folha de papel, devem-se cozer, moer, molhar, peneirar, prensar e secar as fibras.

É possível fazer papel a partir de varas de bambu, folhas de abacaxi, talos de bananeira e até cascas de cebola.

Na verdade, com mais ou menos trabalho é possível fazer papel de qualquer espécie de planta, pois a celulose está presente em todas elas.

A invenção do papel foi tão importante que os chineses conservaram o segredo de sua fabricação durante quase oitocentos anos.

Mas no século VIII, de alguma maneira, esse segredo atravessou as fronteiras da China e chegou ao conhecimento de pessoas de outros países, especialmente dos árabes.

Nessa época, os árabes estavam se expandindo e chegaram até a Espanha, com sua religião e sua cultura.

Foi assim que, no século XII, o papel foi introduzido na Europa.

Naquela época, na Europa ainda se escrevia sobre pergaminho. E quem detinha o conhecimento da arte de escrever eram as ordens religiosas.

Por isso, é natural que houvesse certa resistência às novidades trazidas pelos invasores árabes, que eram, então, chamados pelos cristãos de infiéis.

Por esse motivo, apesar de todas as suas vantagens, o papel demorou ainda alguns séculos para ser largamente usado.

O desenvolvimento da imprensa, a industrialização do processo de fabricação e a descoberta da madeira como fonte de matéria-prima transformaram o papel no principal material usado para a escrita.

Mas, além desse uso, para o qual o papel foi inventado, milhares de outros vieram se juntar.

O papel substituiu vidro, madeira, pano, louça e metal na confecção de embalagens, de utensílios variados, de vestuário, de revestimento e até de dinheiro!

Mas a produção de papel exige o plantio de milhões de árvores todos os anos, ocupando extensas áreas de terra.

Por isso, hoje o papel pode ser considerado, em muitos países, um material caro, e já vem sendo substituído pelos aparelhos eletrônicos de leitura.

Mas de qualquer forma acreditamos que o papel deveria sobreviver, como sobreviveram a pedra, o metal e o pergaminho.

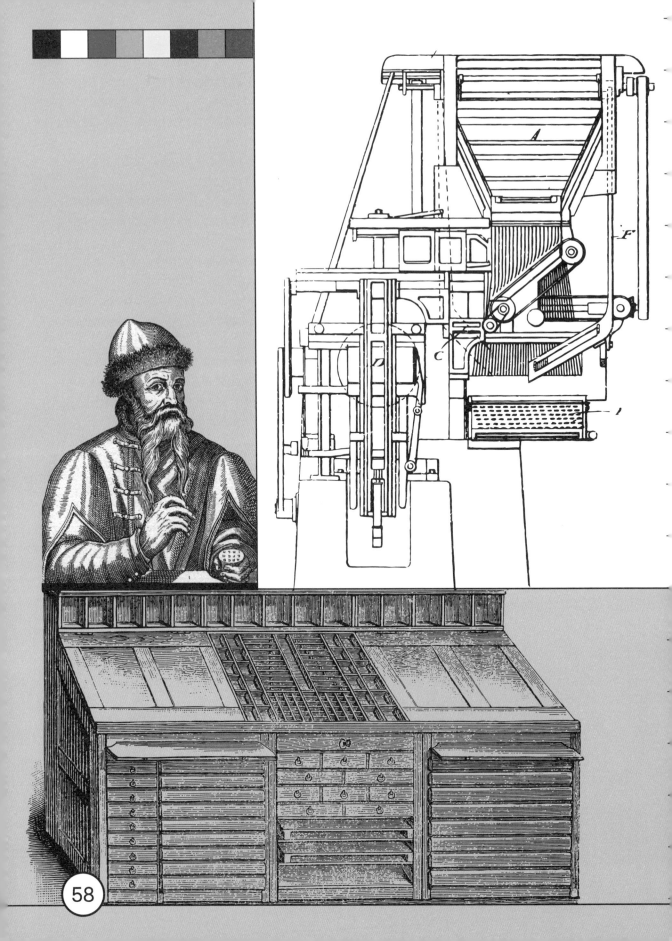

a história do livro

O livro, em sua forma mais tradicional, impresso em papel, apareceu no século XV, quando Johannes Gutenberg inventou a prensa de tipos móveis.

Essa invenção foi uma verdadeira revolução.

Pelo fato de ser muito mais barato, o livro impresso pode alcançar muitíssimo mais gente, em todas as partes do mundo. O livro popularizado modificou a educação, democratizou a informação e o conhecimento; o surgimento do livro foi um marco para o fim da Idade Média.

Mas, antes de ter a forma que tem hoje, o livro já existia.

Na verdade, desde que o ser humano é *Homo habilis sapiens sapiens* — quer dizer, há mais ou menos 1 milhão de anos —, ele vem deixando marcas de sua passagem pelo mundo. Desde os tempos da caverna, seres humanos primitivos desenhavam e gravavam nas paredes de pedra imagens maravilhosas de bois, cavalos e bisões. Essas imagens nos contam que o ser humano, na época em que pintou essas figuras, já tinha senso artístico, noção de proporções e capacidade de cumprir um planejamento.

Mas a história da humanidade só pôde ser contada a partir da invenção da escrita, quer dizer, a partir de 5 mil anos atrás.

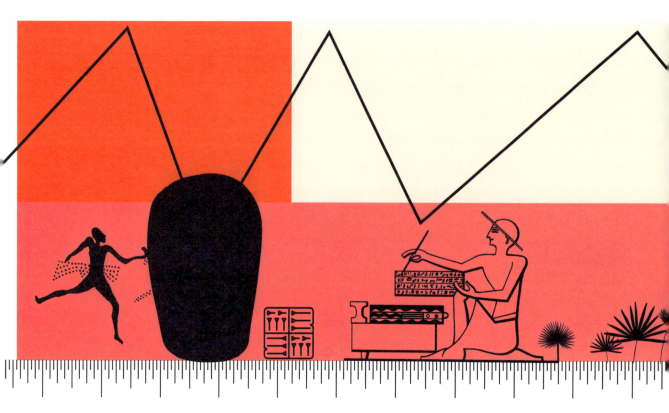

De fato, a partir da invenção da escrita é que começaram a aparecer os primeiros documentos escritos e os primeiros livros.

Naturalmente a forma que os livros assumiram dependia dos materiais e dos instrumentos que cada povo tinha à sua disposição. E eram livros muito diferentes dos atuais.

Quando se escrevia sobre barro, madeira, metal, ossos ou bambu, materiais rígidos, que não podiam ser dobrados, os livros eram feitos de lâminas ou placas separadas.

Os materiais flexíveis, como tecido, papiro, couro, entrecasca de árvores e finalmente papel permitiam outras soluções, como as dobras e os rolos.

Os primeiros livros que surgiram há 5 mil anos eram de barro, na forma de pequenas lajotas.

Eram coleções de documentos, como testamentos, contas, cartas. Foram encontrados aos milhares na região da Mesopotâmia.

Este local se chama assim por estar situado entre dois rios: o Tigre e o Eufrates. Mesopotâmia quer dizer "entre rios".

Pois nesta região do Oriente Médio foram encontrados os primeiros livros. Eles tinham formatos variados: eram quadrados, redondos, ovais ou retangulares. As placas eram numeradas, para facilitar a consulta, e guardadas em prateleiras.

O povo responsável por esses livros foi o sumério.

Os egípcios, povo vizinho dos sumérios, escreverem seus livros sobre papiro, como você leu na história do papel.

As folhas de papiro emendadas formavam rolos que chegavam a 20 metros de comprimento.

Os egípcios conseguiram reunir grandes bibliotecas com livros de matemática, astronomia e religião, além de obras literárias.

A maior biblioteca da Antiguidade foi a de Alexandria, que chegou a ter 700 mil livros, sob a forma de rolos de papiro.

Outros povos do Mediterrâneo escreveram seus livros da mesma maneira.

Na Índia, onde as palmeiras eram muito comuns, os livros eram feitos de folhas dessas plantas.

Essas folhas eram cozidas em leite, secadas e depois escritas com instrumentos pontiagudos. Em seguida, passava-se fuligem sobre as folhas para que a escrita ficasse mais nítida.

Então costuravam-se folhas juntas e pregava-se um pedaço de madeira na frente e outro atrás, para servirem de capa.

Até hoje, em várias regiões asiáticas, como o Nepal, o Tibete e a Tailândia, ainda se fazem livros assim.

Entre a casca das árvores e a madeira existe um material macio, a entrecasca, que também tem sido usado para a confecção de livros. É flexível e com ele foram feitos os livros sanfonados, isto é, em forma de sanfona.

Antes que Colombo chegasse à América, em 1492, os maias e os astecas já faziam esse tipo de livro.

Em outras partes do mundo — na ilha de Sumatra, por exemplo — mantém-se até hoje essa antiga tradição.

Se considerarmos que o livro é um conjunto de textos com certa unidade, o livro mais estranho de todos os tempos foi uma coleção de faixas de linho escritas, encontrada na ilha de Creta envolvendo uma múmia!

Muitos tipos de tecidos foram usados para fazer livros. Entre os chineses, como você viu na história do papel, faziam-se livros de seda, que também eram guardados sob a forma de rolos.

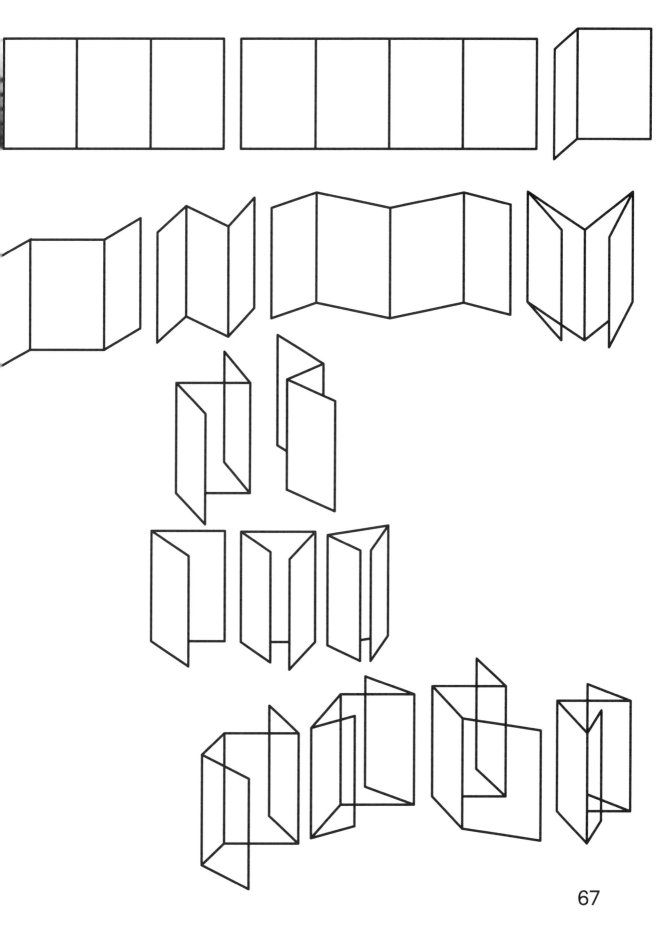

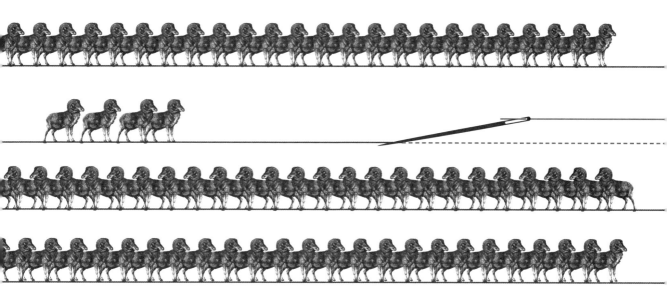

Há 2 mil anos, mais ou menos, apareceram em Roma livros semelhantes aos que temos hoje: com páginas costuradas.

Mas eram feitos de madeira encerada, com as páginas amarradas duas a duas. Como eram muito pesados, esses livros raramente tinham mais de 10 páginas.

Os romanos faziam neles seus rascunhos, já que suas páginas enceradas permitiam a correção e o reaproveitamento. Quando os originais ficavam prontos, passavam o texto a limpo sobre papiros.

A invenção do pergaminho causou grande progresso na fabricação dos livros.

Mas, além de ser um material caríssimo, exigia o sacrifício de matar animais: para que a Bíblia fosse produzida em pergaminho, eram necessários 300 carneiros!

Por outro lado, o pergaminho permitia que se escrevesse dos dois lados do couro e que se dobrassem e costurassem as folhas, ocupando menos espaço e facilitando a conservação e o transporte dos livros.

A invenção da caneta permitiu que se escrevesse mais depressa e mais facilmente, o que possibilitou o desenvolvimento da caligrafia e o aparecimento das letras minúsculas, como você viu na história do lápis. Isso tudo resultou numa produção maior de livros.

Conta a lenda que Carlos Magno, que foi o imperador do Ocidente no século IX, não sabia ler. Isso pode não ser verdade, mas não seria nada demais, pois nessa época pouquíssimas pessoas sabiam.

Os monges eram algumas dessas pessoas. Não só sabiam ler e escrever, como eram eles que copiavam os livros um a um, letra por letra. Aliás, os monges tinham que ter a mesma caligrafia, para que um pedaço de um livro não ficasse diferente do outro.

Esses livros recebiam ilustrações muito ricas e coloridas. Levavam, por isso, muito tempo para serem feitos.

Quando Gutenberg inventou a prensa de tipos móveis, por volta de 1450, já existiam outros processos de impressão.

Conta-se até que no ano 700 d.C., no Japão, a imperatriz Shotoku mandou imprimir 1 milhão de cópias de uma oração budista para distribuir.

Mas nesse tempo era preciso entalhar todo o texto na madeira, para imprimir. Por isso a matriz não podia ser reaproveitada.

Os chineses também conheciam o papel desde o primeiro século da era cristã. Mil anos antes de Gutenberg, já se faziam, na China, livros impressos em papel.

Porém o papel só seria difundido na Europa a partir do século XIV, apesar de ter sido levado para a Espanha pelos árabes desde o século XII.

Mas foi a invenção de Gutenberg que realmente abriu o caminho para a popularização do livro, para o desenvolvimento da imprensa e para a democratização da educação.

O livro tem sido, durante os últimos séculos, o instrumento intelectual e espiritual de muitas culturas.

Através do livro viaja-se para o passado e para o futuro. Conhece-se o pensamento e a fantasia de outras pessoas e de outros povos.

Aprende-se nos livros a conhecer a ciência, a apreciar a arte e a avaliar o que é certo e o que é errado.

Estamos hoje no início de uma revolução tão importante quanto a de Gutenberg. A evolução tecnológica da nossa época fez surgir e aperfeiçoar diversos instrumentos de leitura, que são, na verdade, os novos livros.

O livro é um conjunto de ideias, de propostas. Independentemente da forma, valorizar o livro é valorizar o pensamento, o conhecimento.

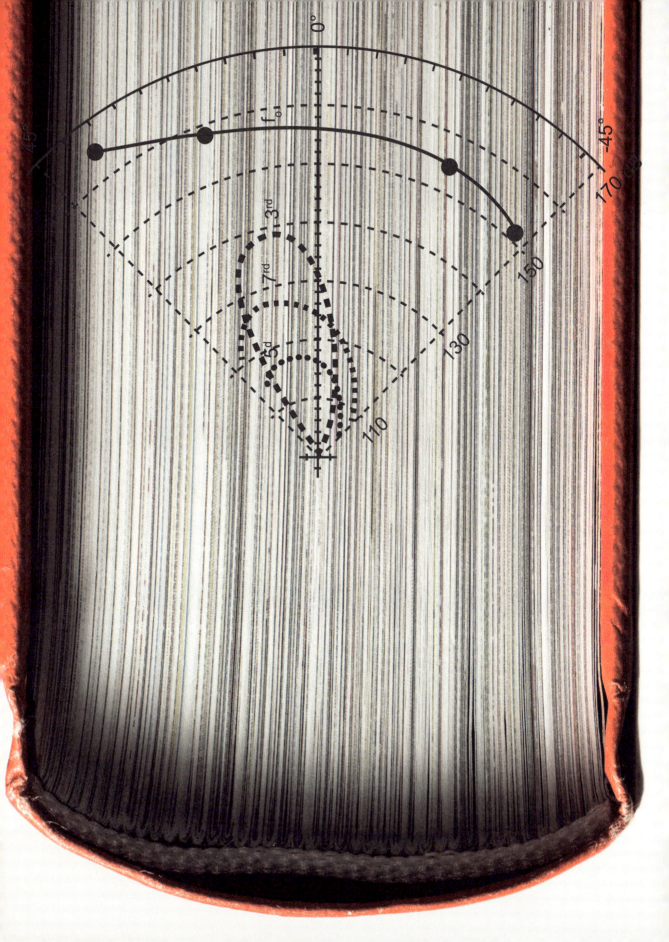

posfácio

ANA E ISABEL ROTH

Como deixar ainda melhor algo que era bom desde o início? Em 1992, a coleção O Homem e a Comunicação foi agraciada com o Prêmio Jabuti como melhor obra em coleção e melhor produção editorial. No ano seguinte, recebeu o Prêmio Monteiro Lobato para literatura infantil. Não bastasse o reconhecimento da crítica, os oito volumes originais foram também bem-recebidos pelo público: tornaram-se referência para educadores interessados em apresentar a evolução da humanidade a partir de uma bem-humorada e abrangente história da comunicação, tendo como fio condutor o desenvolvimento de suportes e ferramentas — como o papel, o pincel e o livro — e linguagens — como gestos e símbolos, as línguas e a escrita.

Agora, a pesquisa e a abordagem lúdica do artista visual Otávio Roth e a escrita sempre encantadora de Ruth Rocha ganham nova apresentação em projeto gráfico elegante de Raul Loureiro e realização da Companhia das Letrinhas, com o lançamento do *O livro da história do livro* e *O livro da história da comunicação*. Um trabalho de fôlego, que toma sua melhor forma sem perder a essência original.

Nos trinta anos que separam os dois lançamentos, muita coisa mudou. A história da comunicação narrada por Ruth e Otávio não chega a abordar as ferramentas e linguagens da era digital, pois em 1992 o uso da internet no Brasil — e no mundo — ainda era incipiente. Hoje, mais de 60% da população mundial já tem acesso à rede e a conectividade permeia e molda todas as esferas de nossas vidas. Não obstante, o livro ainda está aí, assim como o papel, as tintas, o lápis...

Assim é a evolução da comunicação humana: a cada nova tecnologia criada, ampliam-se o repertório e as possibilidades de expressão sem que se percam, contudo, o conhecimento e o potencial das técnicas antigas. O ser humano pode não precisar mais do barro para a escrita, mas ainda utiliza a cerâmica para artesanatos e peças de arte. O pergaminho ainda é utilizado como suporte de registro de documentos importantes, como diplomas, e o próprio uso do papel tem se transformado ao longo do tempo, mantendo a presença em nossas vidas apesar do crescente uso de computadores e outros dispositivos eletrônicos.

De maneira análoga, testemunhamos ao longo da História a evolução de símbolos, gestos, letras e línguas. A comunicação oral flui, transformando palavras e estruturas linguísticas. Gírias e novas expressões são criadas a cada geração, ampliando o vocabulário social. Ainda assim, há algo de cíclico nesse processo: os emojis, por exemplo, hoje tão disseminados na comunicação instantânea das redes sociais, remontam aos pictogramas, que comunicavam dada situação ou emoção de maneira sucinta em tempos pré-históricos.

Debruçar-se sobre essa evolução é um convite lúdico e criativo à tomada de consciência quanto às estruturas e dinâmicas da comunicação humana desde suas origens. É uma história bela e poderosa, que estimula a curiosidade e convida à reflexão sobre aquilo que nos faz humanos: a construção e a transmissão de conhecimentos, a necessidade de nos expressarmos, e a vocação para o diálogo entre todos os cidadãos do mundo.

sobre os autores

RUTH ROCHA nasceu em 2 de março de 1931, em São Paulo, onde ouviu da mãe as primeiras histórias. Depois foi a vez de Vovô Ioiô apresentar os contos clássicos dos irmãos Grimm, de Hans Christian Andersen, de Charles Perrault, adaptados oralmente pelo avô baiano ao universo popular brasileiro. Mas foi a leitura de Monteiro Lobato que escancarou de vez as portas da literatura para Ruth.

Descobriu a Biblioteca Circulante no centro da cidade quando ainda era adolescente e pensou que deveria ler todos os livros, um por um. Dentre todo esse acervo seus preferidos eram Fernando Pessoa, Manuel Bandeira, Machado de Assis e Guimarães Rosa.

Formada em ciências políticas e sociais pela Escola de Sociologia e Política de São Paulo, foi aluna do historiador Sérgio Buarque de Holanda na companhia de quem conheceu Ouro Preto, junto com outros estudantes.

Foi nessa faculdade que conheceu Eduardo Rocha com quem se casou. Viveram juntos por 56 anos, até o falecimento dele, em 2012. Tiveram uma filha, Mariana, inspiração para as primeiras criações da escritora. Hoje tem dois netos, Miguel e Pedro, que também estão presentes na sua obra literária.

Entre 1957 e 1972 foi orientadora educacional do Colégio Rio Branco. Nessa época começou a escrever sobre educação para a revista *Cláudia*. Sua visão moderna sobre o tema, bem como o estilo claro e próprio, chamaram a atenção da diretora da revista *Recreio*, voltada para o público infantil. Foi então que começou a escrever contos infantis e *Romeu e Julieta*, história que trata do racismo, foi a primeira de uma série de narrativas originais e divertidas, todas publicadas na *Recreio*, que mais tarde Ruth veio a dirigir.

Palavras, muitas palavras, seu primeiro livro, foi publicado em 1976. Seu estilo direto, gracioso e coloquial, altamente expressivo e muito libertador, ajudou — juntamente com o trabalho de outros autores — a mudar para sempre a cara da literatura escrita para crianças no Brasil. Os pequenos leitores passaram a ser tratados com respeito e inteligência, sem lições de moral nem chatices de qualquer espécie, numa relação de igual para igual, e nunca de cima para baixo. Além disso, em plena ditadura militar, a obra de Ruth ousava inspirar a liberdade e encorajava o leitor a enxergar a realidade, sem abrir mão da fantasia.

Depois vieram *Marcelo, Marmelo, Martelo* — seu best-seller e um dos maiores sucessos editoriais do país, com mais de setenta edições e vinte milhões de exemplares vendidos —, *O reizinho mandão* — incluído na "Lista de Honra" do prêmio internacional Hans Christian Anderson e muitos outros.

Em mais de cinquenta anos dedicados à literatura, a escritora superou duzentos títulos publicados e já foi traduzida para 25 idiomas. Também assina a tradução de uma centena de títulos infantojuvenis e é coautora de livros didáticos.

Em parceria com Otávio Roth, criou a coleção O Homem a Comunicação que chega em nova edição pela Companhia das Letrinha com os títulos *O livro da história da comunicação* e *O livro da história do livro*, além da *Declaração*

Universal dos Direitos Humanos que teve lançamento na sede da Organização das Nações Unidas em Nova York, em 1988.

Recebeu prêmios da Academia Brasileira de Letras, da Associação Paulista dos Críticos de Arte (APCA), da Fundação Nacional do Livro Infantil e Juvenil (FNLIJ), além do prêmio Santista, da Fundação Bunge, o prêmio de Cultura da Fundação Conrad Wessel, a Comenda da Ordem do Mérito Cultural, oito prêmios Jabuti, da Câmera Brasileira de Letras (CBL) e em 2008 foi eleita membro da Academia Paulista de Letras.

Apostando na irreverência, na independência, na poesia e no bom humor, seus textos fazem com que as crianças questionem o mundo e a si mesmas e ensinam os adultos a ouvirem o que elas dizem ou estão tentando dizer. No fundo, o que seus livros revelam é o profundo respeito e o infinito amor de Ruth Rocha pela infância, isto é, pela vida em seu estado mais latente. Pois, como ela mesma diz num de seus belos poemas, "toda criança do mundo mora no meu coração".

OTÁVIO ROTH foi um artista visual, professor e escritor.

Depois que terminou a escola, ele foi estudar engenharia, mas, durante um intercâmbio que fez em Israel, começou a fotografar, se encantou pelas artes e quis mudar de área. Então foi estudar comunicação em São Paulo, e depois artes gráficas em Londres, nos anos 1970. Naquela época, a Inglaterra estava passando por uma revolução cultural e social, enquanto o Brasil passava por um período de muita censura, com vários artistas e profissionais criativos se exilando em outros países. Como ainda não havia internet nem celular, a comunicação era difícil e pouco acessível. Por isso, para os expatriados e exilados, a saudade do Brasil e da família era um sentimento muito presente.

Quando Otávio voltou ao Brasil em 1979, fundou a primeira oficina de papel artesanal do país. Ele estruturou sua pesquisa sobre a história da comunicação por meio de estudos sobre a evolução das linguagens, de suportes de escrita e ferramentas, como papéis, tintas, pincéis e livros, em viagens a países tão distantes e diversos quanto Japão, Nepal, Tailândia, Alemanha, Espanha e Estados Unidos.

Otávio conheceu Eduardo e Ruth Rocha, tios e padrinhos de sua esposa, Ana, em meados dos anos 1980. Dessa amizade em família, surgiram ideias de escrever vários livros em parceria com Ruth, como este que você tem em mãos.

RAUL LOUREIRO nasceu em 26 de novembro de 1965. É desenhista gráfico. Formado no Massachusetts College of Art, Boston (mestrado em desenho gráfico), e graduação em cinema [FAAP], SP. Tem projetos desenvolvidos para: Masp — Museu de Arte de São Paulo, IMS — Instituto Moreira Salles, Imprensa Oficial de São Paulo, Museu Lasar Segall, Videofilmes, Osesp, sp-arte, Sesc SP, Flip — Festa Literária Internacional de Parati, Folha de São Paulo, Revista Piauí, Cosacnaify, Companhia das Letras, Fundação Bienal de São Paulo [24ª, 33ª].

Esta obra foi composta em Fakt e impressa pela Gráfica Santa Marta em ofsete sobre papel Alta Alvura da Suzano S.A. para a Editora Schwarcz em abril de 2023

A marca FSC® é a garantia de que a madeira utilizada na fabricação do papel deste livro provém de florestas que foram gerenciadas de maneira ambientalmente correta, socialmente justa e economicamente viável, além de outras fontes de origem controlada.